EL REGALO DE EMILY
LA VERDADERA HISTORIA DE SHERLOCK & JACKSON

ELLEN SHANE

TRABAJO DE ARTE POR:

BERNARD JOAQUIN
PATRICK HORAN

¿Alguien te ha dicho que no puedes tener algo que realmente quieres?

Este cuento se trata de una joven que no dejó que nada se interpusiera en su camino.

Ella no se dio por vencida.

ELLEN SHANE   BERNARD JOAQUIN   PATRICK HORAN

La menor de tres hermanas, Emily soñaba con tener su propio perrito.

De hecho, sus hermanas siempre quisieron uno también. Su madre, la Señora Shane, amaba a los animales, pero no quería todo el trabajo extra que aquellos traerían. Ella dijo, "Alguien tiene que darles de comer, llevarlos a caminar y limpiarlos. Luego, está el costo del veterinario y de alimentos. ¿Y, quien va a cuidar del perrito si nos vamos de viaje?"

Y luego estaba el padre de Emily cuyas terribles alergias hacían imposible tener un perrito. Los animales lo enfermaban. Lo mismo le pasaba con los árboles, con el polvo, con el moho y con muchas otras cosas.

Así, la respuesta para Emily de tener un perrito siempre sería "No".

Antes de que Emily naciera, la familia estaba formada por dos hermanas, su madre y su padre. ¡Sin mascotas! (¡Al menos no todavía!)

La hija mayor se llamaba Gerri y su hermanita Leigh. Mucho antes de que Emily naciera, cuando Gerri estaba muy pequeña, ella también deseaba una mascota. Leigh también.

Si Gerri veía una mariquita, ella la quería como mascota. En el fondo ella quería un perrito, gatito o cualquier animalito con pelaje. Pero las reglas son reglas. Las mascotas con pelaje no se permitían.

Eventualmente, la Señora Shane llevo a sus dos hijas a la tienda de mascotas en busca de un amiguito acogedor para llevar a casa. Llegaron a casa con un nuevo miembro de la familia, un "conejillo flaquito".

"¿Qué es eso?" pregunto el Señor Shane.

"Es un Conejillo de Indias sin pelaje" dijo Gerri. Ella le contesto con una gran sonrisa, "El Señor de la tienda dijo que no molestaría tus alergias,"

"Parece como un experimento de laboratorio" dijo su padre, mientras miraba de pies a cabeza a ese extraño animal.

Gerri nombró a su nuevo conejillo "Sparky" y el conejillo flaquito era de hecho un conejillo de Indias sin pelaje. Su piel era un color gris y negro y con una banda de color rosa en su cintura que parecía un cinturón. Comía mucho de su alimento concentrado, hacía ruidos y gateaba. La familia hizo que Sparky se sintiera en su casa. Le hicieron una hamaca dentro de su jaula con una pequeña toallita.

A Sparky le encantaba esconderse debajo de la toalla. Gerri lo sacaba de su jaula, y Sparky se sentaba en su regazo después de gatear por todo el piso. A menudo trataba de morder, pero nunca a Gerri. A Sparky le encantaba comer verduras. Es más, cuando escuchaba el sonido que se hace al cortar vegetales, Sparky se alborotaba y hacía mucho ruido.

Lo mejor de todo, es que el Señor Shane no era alérgico a Sparky.

Después de muchos años la familia Shane se mudó a Malibú, California. ¡Era un gran cambio de Montreal, Canadá! ¡No más frio, no más otoños con nieve! Todos amaban los días cálidos, las playas, y vivir en las montañas.

Emily nació al poco tiempo de llegar a Malibú— el día 9 de agosto de 1996. Ahora había tres hermosas hermanas. Para ese momento, Sparky ya estaba viejito. Había vivido una vida plena para un Conejillo de Indias. La familia Shane no tenía más una mascota.

Cuando Emily tenía 13 años, le mandó un mensaje de texto a su madre.

Ella escribió: "¿Podemos tener un perrito?" Emily quería convencer a sus padres de traer un perrito a su hogar, pero una vez más "¡No!", su madre le respondió. Cuando Emily le preguntó el porqué, su madre no le contestó. Emily sabía las razones. Muchas veces se le habían explicado.

Primero, eran las alergias de su padre, después todo el trabajo extra que los perritos necesitan: entrenarlos, darles de comer, bañarlos, llevarlos a caminar, etc.

Pero Emily no se dio por vencida. Su compañero de escuela le había enseñado fotos de su perro que acababa de tener perritos. Los perritos se veían adorables e irresistibles. Emily quería uno de estos perritos más que nada en el mundo. Le mandó a su madre un mensaje de texto con la foto del perrito.

En el teléfono de la Señora Shane estaba la foto del perrito Jack Russell que apenas cumplía 7 semanas. La carita del perrito era exactamente mitad blanca y mitad negra con café.

¿Qué crees que pasó?

¡La madre de Emily vio la foto y pensó para sí misma, "Es el perrito más hermoso!". La Señora Shane no pensó en el trabajo extra, los gastos del veterinario, llevar a caminar al perrito o la limpieza que necesitaba.

Pero, si pensó en las alergias de su esposo, aunque no por mucho tiempo. Ella pensaba, "que adorable, ¡que precioso!"

La Señora Shane le contestó a Emily, "Quizás iremos a verlo."

¡Las dos fueron a "ver" al perrito más hermoso del mundo!

Cuando llegaron a la casa del amigo de Emily, vieron a todos los perritos, incluyendo el perrito cuya foto le había mandado por mensaje de texto. Tenía la carita más preciosa. Cada lado de su cara era de un color diferente, igual que en la foto. Su colita se enroscaba y sus orejitas caídas.

Ahí, había otro perrito que necesitaba un hogar. Tenía una marca en su cabecita que parecía un tipo de tilde.

Si te fijabas bien, la marca tenía forma de corazón con una línea al lado. Así:

Su colita era larga y derecha. Sus orejitas rectas y puntiagudas. ¡Los perritos eran pequeños y adorables!

Ellos les dieron la bienvenida a Emily y a su madre con besos y alboroto. Corrieron alrededor antes de subir a sus brazos. Emily y su madre los mecieron en sus brazos. Vieron sus caritas, y se enamoraron. No habría marcha atrás.

Al día siguiente, Emily y Leigh fueron con su madre a recoger los perritos y traerlos a casa. Ellas entraron a su casa cargando sus nuevos perritos. ¡Su padre estaba muy sorprendido! "¿Qué está pasando?" preguntó el Señor Shane.

"Mira a nuestros dos perritos" las hermanitas dijeron a la vez.

¿¿¿¿Qué???? ¿Y mis alergias? El Señor Shane preguntó.

La Señora Shane dijo, "Si te enfermas o tienes reacción alérgica, alguien va a querer estos preciosos perritos. Casi todos en nuestro vecindario tienen perros. ¡Teníamos que traer estos perritos a casa, están preciosos!

El perrito en los brazos de Emily lamía su cara mientras ella lo arrullaba. No hace falta decirlo, el Señor Shane no estaba contento. "Yo no quiero nada que ver con todo esto. ¡Absolutamente nada!", El declaró.

Y esto fue lo que pasó. El Señor Shane sí se enfermó. Por diez días sus ojos estuvieron llorosos y rojos. También le dio tos.

Las hermanitas se preguntaban ¿Cuánto tiempo iba a continuar enfermo? ¿Realmente tendrían que deshacerse de sus perritos?

¡Luego algo maravilloso pasó! Todos los síntomas de alergia del Señor Shane pronto desaparecieron. ¡Era como un milagro!

Emily tomó para ella el perrito con la carita mitad blanca, mitad negra con café. Le puso el nombre de "Jackson".

Cuando el otro perrito entró a la casa, inmediatamente empezó investigando cada cuarto, cada rinconcito, y cada pulgada de la casa.

Gerri dijo, "Mira, este perrito es igual que el detective Sherlock Holmes". Leigh tomó para ella al otro perrito y le puso el nombre de "Sherlock".

Los perritos dormían en un rinconcito en su camita cubierta con cobijitas suavecitas que las hermanitas les pusieron. Cuando se despertaban, jugaban y correteaban juntos.

Las niñas los levantaban y jugaban con ellos. Luego los perritos se acurrucaban juntos y una vez más se dormían.

La familia Shane ya no necesitaba una alarma para despertarlos. Los perritos se levantaban antes del amanecer. A las hermanitas no les importaba, ellas querían jugar con sus perritos antes de ir a la escuela.

¡Nunca se habían levantado tan temprano y alistado tan rápido!

Cuidar a Sherlock y Jackson era una gran responsabilidad. Pero, las niñas estaban listas para la jornada. Les daban de comer y pasaban tiempo entrenándolos al lado de su madre.

Y claro, pasaban muchas horas jugando con sus perritos, traían tanta alegría a todos.

Emily estaba tan orgullosa que ella había traído los perritos al hogar de la familia Shane. ¡Ella verdaderamente no podía creerlo! ¡Su sueño se volvió realidad!

¡Recuerda, que a veces un "no" puede volverse en un "sí!"!

Así como Emily, tú puedes sentirte molesta, enojada o frustrada porque no puedes tener lo que verdaderamente quieres. Esos sentimientos pueden venir a ti.

Se paciente y siempre piensa positivamente.

Ah! Y otra cosa, el Señor Shane terminó amando a "los muchachos" al igual que toda la familia.

El Señor Shane pasó de no querer nada con ellos a jugar, llevarlos a caminar, ¡y darles de comer también!

Fin

Dedicación

Este libro ha sido escrito en memoria amorosa de Emily Rose Shane que realmente trajo a Sherlock and Jackson a nuestras vidas. Su presencia es un verdadero regalo.

Mi deseo es que La Fundación de Emily Shane (www.emilyshane.org) siga prosperando en su misión. Esta fundación sin ánimo de lucro es en honor a la memoria de Emily, sirviendo a estudiantes de pocos recursos en las secundarias en los condados de Ventura y Los Ángeles.

¡Que un perrito o cualquier otra mascota llene tu vida de alegría!

--- *Ellen Shane*

Emily con Jackson

Acerca del Autor

Ellen Shane es amante de los perros, esposa, madre, oradora pública, y co-fundadora de "La Fundación de Emily Shane". La fundación es una organización sin ánimo de lucro que honra la memoria de Emily, empoderando a estudiantes de pocos recursos, desfavorecidos en secundarias en los condados de Los Ángeles y Ventura con su programa SEA, (Logro Educativo Exitoso). Los estudiantes que se benefician del Programa SEA están en riesgo de fracaso académico en las clases convencionales.

La Fundación está dedicada a promover compasión y empatía alentando una mentalidad de Un Paso Adelante. Cada estudiante en Programa SEA tiene que participar en una buena acción o de amabilidad para recibir el apoyo. Por favor visite www.emilyshane.org para más información.

Adicionalmente al trabajo de Ellen con la Fundación, ella también proporciona asesoramiento privado de apoyo de pena y duelo.

El Regalo de Emily es el primero de una serie de libros basados en historias verdaderas de dos perritos que llegaron a la vida de Ellen y su familia.

Para hablar o participar en entrevistas con la autora, o invitar a Ellen Shane por favor comuníquese a info@emilyshane.org o llame a 213-290-5441

Copyright 2020 por Ellen Shane
Todos derechos reservados. De acuerdo con los EE. UU. Ley de Derecho de Autor de 1976, el escaneo, carga y uso compartido electrónica de cualquier parte de este libro sin permiso del editor es piratería ilegal robo de publicidad de la propiedad intelectual del autor. Si desea utilizar material de este libro (que no sea para revisión propósitos), se debe obtener un permiso previo por escrito poniéndose en contacto con el editor en info@knowledgepowerinc.com

Gracias por su apoyo a los derechos del autor.

ISBN: 978-1-950936-56-4 Tapa Dura
ISBN: 978-1-950936-57-1 Paperback
ISBN: 978-1-950936-58-8 Ebook
Numero de Control de la Librería del Congreso: 2020912392

Editado por: Nia Lyte y Luisa Hotz
Ilustradores: Bernard Joaquin y Patrick Horan
Traducción de: Maria Townsend

Publicado por:

KP Publishing
Valencia, CA 91355
www.kp-pub.com

www.ingramcontent.com/pod-product-compliance
Lightning Source LLC
Chambersburg PA
CBHW042110090526

44592CB00004B/76